Энергетическая эффективность

Эвертон Бертольди
Эвандро Бертольди

Энергетическая эффективность

Повышение энергоэффективности процесса ротоформования

ScienciaScripts

Imprint

Any brand names and product names mentioned in this book are subject to trademark, brand or patent protection and are trademarks or registered trademarks of their respective holders. The use of brand names, product names, common names, trade names, product descriptions etc. even without a particular marking in this work is in no way to be construed to mean that such names may be regarded as unrestricted in respect of trademark and brand protection legislation and could thus be used by anyone.

Cover image: www.ingimage.com

This book is a translation from the original published under ISBN 978-613-9-60327-5.

Publisher:
Sciencia Scripts
is a trademark of
Dodo Books Indian Ocean Ltd. and OmniScriptum S.R.L publishing group

120 High Road, East Finchley, London, N2 9ED, United Kingdom
Str. Armeneasca 28/1, office 1, Chisinau MD-2012, Republic of Moldova, Europe

ISBN: 978-620-7-27326-3

СОДЕРЖАНИЕ

ГЛАВА 1

ВВЕДЕНИЕ

1.1 ПЕРВОНАЧАЛЬНЫЕ СООБРАЖЕНИЯ

Чрезмерное потребление электроэнергии и топлива на основе нефти - проблема, с которой сталкивается большинство компаний, особенно в таких отраслях, как производство полимеров методом ротационного формования. Помимо электроэнергии, для производства пластиковых деталей используется сжиженный нефтяной газ (LPG), а в качестве сырья - полиэтилен, который является производным нефти и относится к невозобновляемым энергоресурсам, что порождает необходимость оптимизации его применения.

Ротоформование - это промышленный процесс, в котором полые детали получаются, как следует из названия, путем двухосного вращательного движения формы, заполненной термопластичным материалом (BEALL, 1998). Форма нагревается в печи, где под воздействием температуры и вращения происходит плавление и трансформация детали. Именно благодаря центробежной силе материал копирует детали формы изделия. Ротационная формовочная машина состоит из рычагов, на которых расположены плиты, где закреплены формы, и может производить несколько деталей за один рабочий цикл.

В процессе производства часто случается так, что из-за необходимости удовлетворить неожиданный запрос клиента или даже из-за незнания технологического процесса формы не распределяются должным образом в ротационной формовочной машине, что приводит к потерям энергии. Планирование производства, то есть определение форм для сборки, должно учитывать параметры процесса для каждой формы, что позволяет избежать потерь энергии в каждом производственном цикле и даже отходов при изготовлении несоответствующих деталей, что в итоге приводит к еще большим потерям для компании, а также не удовлетворяет потребности заказчика.

1.2 ЦЕЛИ

1.2.1 Общая цель

Повышение энергоэффективности производственного процесса ротационного формования, оптимизация потребления электроэнергии и сжиженного газа при сохранении качества выпускаемой продукции.

1.2.2 Конкретные цели

- Оцените энергопотребление рабочего цикла;
- Оценка распределения форм в ротационных формовочных машинах;
- Помощь в планировании и контроле производства (PCP) при планировании производства путем классификации пресс-форм по семействам, а также в привязке потребления электроэнергии и сжиженного газа к максимальной производительности;

- Сокращение отходов от несоответствующих деталей и, как следствие, потерь электрической и тепловой энергии.

ГЛАВА 2

ТЕОРЕТИЧЕСКАЯ БАЗА

2.1 . РОТМОЛДИНГ

Процесс ротационного формования, также известный как ротационное формование, - это процесс, происходящий при нагревании полимерных материалов, при котором плавление и трансформация детали происходят под совместным воздействием температуры и вращения. Этот процесс позволяет изготавливать полые пластиковые детали путем добавления порошкообразного пластика в форму, которая нагревается и вращается вокруг двух осей (CRAWFORD; THRONE, 2002). Под действием центробежной силы материал копирует детали формы.

Сырьем для этого процесса является полиэтилен, который поставляется в виде *гранул, то есть* мелких зерен, и должен пройти процесс микронизации, превращающий его в мелкие частицы. Когда возникает необходимость в производстве цветных деталей, этот микронизированный полиэтилен перед ротационным формованием проходит еще один процесс - процесс пигментирования. На рисунке 1 показан полиэтилен в трех формах: гранулированный, микронизированный и пигментированный.

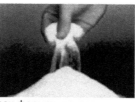

Рисунок 1 - Полиэтилен в трех формах, показанных слева направо: гранулированный, микронизированный и пигментированный полиэтилен
Источник: Автор

Основной процесс ротоформования состоит из четырех этапов, описанных ниже и показанных на рис. 2.
- Загрузка: в форму подается сырье, в данном случае полиэтилен;

- Нагрев: этап, на котором форма нагревается в печи, что, благодаря синергетическому эффекту между теплом, полученным от печи, и двухосным движением, приводит к формованию детали внутри формы;

- Охлаждение: еще вращаясь, форма попадает в зону, оборудованную вентиляторами, чтобы материал, уже равномерно распределенный по заданной толщине, мог принять окончательную форму изделия;

- Выгрузка: заключительный этап происходит в специальной зоне, где охлажденная деталь аккуратно извлекается из формы.

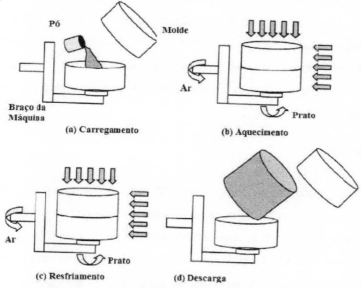

Рисунок 2 - Этапы процесса ротоформования
Источник: Адаптировано из NUGENT, 2001

После охлаждения детали подвергаются финишной обработке. Сначала необходимо удалить заусенцы, образовавшиеся на линии смыкания пресс-формы, после чего можно приступить к сверлению, резке и сборке деталей. Эти этапы зависят от конструктивных требований к каждой производимой детали.

Ротоформованные изделия начали производиться в 1950-х годах и пользуются популярностью, в частности, в производстве танков, игрушек и автомобилей (CRAWFORD; THRONE, 2002). В качестве материала чаще всего используется полиэтилен (ПЭ), при этом выделяется класс линейного полиэтилена низкой плотности (LLDPE). Следует подчеркнуть, что для успеха этого производственного процесса выбор правильного сырья имеет принципиальное значение, поскольку используемый полимер должен отвечать таким характеристикам, как вязкость, термическая и химическая стойкость, чтобы не подвергаться термоокислительной деструкции из-за длительного пребывания в печи (BEALL, 1998).

Основными областями применения процесса ротационного формования являются сельское хозяйство, автомобилестроение, строительство, электроника, промышленность, морские изделия, отдых и т.д. (NUGENT, 2001).

В следующих темах будут представлены теоретические сведения о сырье, процессах, происходящих перед ротоформованием, основных используемых машинах, а также о контроле и мониторинге температуры в процессе ротоформования.

2.2 . ПОЛИЭТИЛЕН

Полиэтилены, состоящие из макромолекул, производятся путем аддитивной полимеризации этилена. В настоящее время этилен в основном получают из нефти через нафту, которая образуется при крекинге нефти, но его также можно получить из природного или нефтяного газа. Кроме того, недавно этилен стали получать из этанола в Бразилии для производства полиэтилена из возобновляемых источников.

Полиэтилен является сырьем, наиболее часто используемым в ротоформовочной промышленности, составляя около 90 % потребляемого материала. В зависимости от условий реакции и каталитической системы, используемой при полимеризации, можно получить несколько типов полиэтилена: полиэтилен высокой плотности (ПЭВП), полиэтилен средней плотности (ПЭС) и полиэтилен низкой плотности (ПЭНП).

Кристалличность ПЭВД составляет около 50%, а ПЭНД - 80%. Наличие крупных ветвей в ПЭВД препятствует процессу кристаллизации, делая полимер менее кристаллическим и с менее совершенными кристаллитами, и, следовательно, его плотность ниже (CANEVAROLO, 2006). На рисунке 3 показана разница в разветвленности полиэтилена: ПЭВД имеет длинные ветви, а ПЭНД - короткие, что напрямую связано с характеристиками материала.

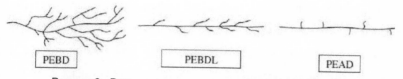

Рисунок 3 - Различные типы полиэтилена и их разветвления
Источник: Адаптировано из COUTINHO, 2003

Полиэтилены можно классифицировать по их плотности, согласно Американскому обществу по испытанию материалов (ASTM):

- Класс 1 (от 0,910 до 0,925): Полиэтилен низкой плотности;
- Класс 2 (от >0,925 до 0,940): Полиэтилен средней плотности;
- Класс 3 (>0,940 - 0,960): Полиэтилен высокой плотности;
- Класс 4 (>0,960): Полиэтилен высокой плотности.

Как видно из приведенной выше классификации, полиэтилен класса 3 и класса 4 имеют одинаковое описание, но когда упоминается класс 4, это означает, что речь идет о полиэтилене высокой плотности, который является очень плотным и кристаллическим.

Ротоформованный полиэтилен обладает хорошей ударопрочностью и используется в производстве резервуаров для коммерческих, промышленных и сельскохозяйственных целей, а также деталей для канализационных систем, игрушек, компонентов для детских игровых площадок, деталей для автомобильной промышленности, таких как топливные, масляные и водяные баки, и в спортивных целях, например, для лодок и каноэ.

2.3 МИКРОНИЗАЦИЯ

Микронизация является предварительным процессом перед

7

ротационным формованием и пигментированием, последнее применяется, когда необходимо изготовить цветные детали. Как правило, сырье микронизируется механически с помощью дисковых мельниц, где один диск остается неподвижным, а другой вращается с высокой скоростью. Полиэтилен в виде *гранул* подается через центр диска, а когда он достигает конца, то выдувается на вибросито для отбора частиц по размеру, при этом частицы большего размера возвращаются в мельницу для повторного микронизирования. На рисунке 4 показана мельница для микронизации в поперечном сечении, где видны неподвижный и вращающийся диски, а также подача материала. На рисунке 5 показана типичная модель дисковой мельницы для микронизации Rotoline.

В процессе микронизации тепло, выделяемое на режущей поверхности дисков, увеличивается, как и температура частиц полиэтилена и присутствующего воздуха. В результате необходимо контролировать температуру, не допуская ее приближения к точке плавления или размягчения полимерного материала, то есть к точке, при которой частицы начинают сцепляться друг с другом. Это может вызвать проблемы и даже заблокировать поступление материала, подлежащего микронизации.

Размер частиц очень важен в процессе ротационного формования, и они должны быть однородными, так как наличие очень мелких частиц вместе с более крупными приводит к неоднородному поглощению тепла, что может привести к неравномерному покрытию стенок формы. Кроме того, очень мелкие частицы могут плавиться быстрее остальных, не позволяя пузырькам воздуха полностью выйти, что приводит к образованию внутренних дефектов в детали. С другой стороны, очень крупные частицы затрудняют полное заполнение деталей формы.

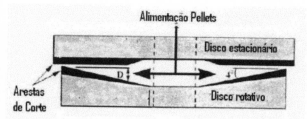

Рисунок 4 - Изображение дисков мельницы-микронизатора
Источник: Адаптировано из CRAWFORD & TRONE, 2002

Рисунок 5 - Дисковая мельница-микронизатор
Источник: ROTOLINE BRASIL, 2017

2.4 ПИГМЕНТАЦИЯ

Этот этап необходим, когда нужно изготовить цветные детали.
Кроуфорд и Трон (2002) представляют две формы пигментации для
полимерных смол:

- Сухой блендер: отличается тем, что является сухим процессом, который осуществляется с помощью смесителей, известных как Turbo Blender или Henschel. Это простая смесь микронизированного полиэтилена с

пигмент в виде порошка. Этот процесс более экономичен, но имеет тот недостаток, что пигмент не полностью включается в полимер, а остается закрепленным на внешней поверхности микронизированного материала;

• Экструзия: этот процесс заключается в смачивании полимера пигментом, что приводит к получению более однородного цвета, улучшает блеск и стойкость изделия. Однако его недостатком является то, что полимер подвергается механическому воздействию в экструдере, где происходит термическая история, способствующая расходу полимерных добавок, таких как антиоксиданты. После экструзии пигментированный полиэтилен превращается в мелкие зерна, называемые гранулами, которые микронизируются для последующего ротоформования.

Плохое распределение пигментов может привести к образованию слабых участков, что может привести к растрескиванию. Пигменты также могут влиять на кристаллизацию полимеров и вызывать деформацию и/или чрезмерную усадку деталей. В этом отношении компаунды, полученные методом экструзии, обладают хорошими механическими свойствами по сравнению с сухими смесями. На рисунке 6 показано сравнение двух вышеупомянутых форм пигментации, где видно, что при изготовлении смеси методом экструзии происходит более однородная дисперсия. На рисунке 7 показана модель смесителя Хеншеля компании CACCIA ROTOMEC. Это оборудование осуществляет сухое смешивание.

Рисунок 6 - Сравнение методов пигментации

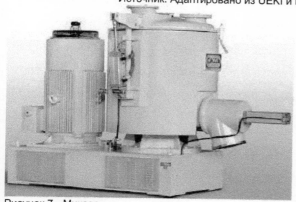

Рисунок 7 - Миксер

2.5 ОСНОВНЫЕ РОТОФОРМОВОЧНЫЕ МАШИНЫ

Согласно Кроуфорду и Трону (2002), при выборе ротоформовочной машины в основном учитываются следующие параметры:

- Мощность обогрева;
- Размер духовки;
- Среднее время одного цикла;
- Скорость вращения пресс-формы.

Исходя из этих параметров, можно выделить различные классы ротоформовочных машин, каждый из которых имеет свои особенности. Ниже приведены основные из них, представленные на рынке

2.5.1 Рок-н-ролл

Модель машины "рок-н-ролл" - одна из самых старых, используемых в процессе ротоформования. Название происходит от концепции конструкции, т.е. качания на оси ("качание") и полного вращения на 360° на перпендикулярной оси ("качение"). Система нагрева для этой машины, как

11

правило, газовая, с открытым пламенем непосредственно в форме. В основном используется для изготовления крупных деталей.

Обычно одна форма устанавливается на рычаг машины, который вращается с низкой скоростью, около 3 об/мин (оборотов в минуту) и с углом поворота около 35°. Использование открытого пламени - эффективный метод нагрева форм.

Формы, изготовленные из листового металла, широко использовались в начале ротоформования (CRAWFORD; THRONE, 2002).

На рисунке 8 показана модель этой машины, где можно сравнить ее размеры с человеком.

Рисунок 8 - Рок-н-ролльный станок
Источник: Crawford & Trone, 2002

2.5.2 Карусель

Эти машины были разработаны для непрерывного производства относительно крупных деталей. В настоящее время они наиболее часто встречаются в ротоформовочной промышленности. Наиболее распространенные машины этой модели имеют три рычага, разделенные под углом 120° между собой, причем каждый рычаг находится на своем рабочем месте (загрузка/выгрузка), нагрев и охлаждение, как показано на рис. 9.

Сегодня можно встретить машину этой модели, состоящую из пяти рукавов.

Повышение производительности привело к разработке этой модели станка, поскольку он может выполнять все этапы одновременно, что позволяет избежать простоя. Эта модель станка требует больших первоначальных инвестиций, но для компании с большим масштабом производства эти инвестиции оправданы.

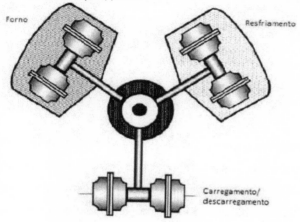

Рисунок 9 - Карусельный станок
Источник: Crawford & Trone, 2002

2.5.3 Шаттл

Эта ротационная формовочная машина также очень часто встречается на промышленных предприятиях, которые были разработаны для экономии места (CRAWFORD; THRONE, 2002). Существует несколько моделей, в том числе с одним рычагом, в которых форма установлена на плите, а рычаг/плита закреплены на каретке, которая скользит по шинам загрузочной станции, которая в итоге оказывается такой же, как станция охлаждения и выгрузки в печь, и так далее. Эта машина становится эффективной, так как имеет две тележки, как показано на рис. 10, что позволяет печке всегда быть занятой, поскольку пока одна форма находится в печи, другая охлаждается и перегружается для следующего цикла.

Эта машина станет еще более эффективной, если время работы печи будет равно сумме времени охлаждения, выгрузки и загрузки для нового цикла.

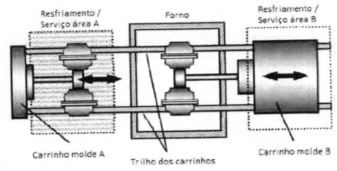

Рисунок 10 - Машина челночного типа
Источник: Crawford & Trone, 2002

2.6 МОЛОДЦЫ

В ротационном формовании используются формы, большинство из которых изготовлены из металла, обычно листовой стали или литого алюминия. Формы должны иметь относительно тонкие стенки, чтобы не перегружать машину и облегчить передачу тепла обрабатываемому материалу. В большинстве случаев сложность и размер детали диктуют тип металла и способ изготовления формы. Для крупных деталей простой формы, таких как резервуары, они изготавливаются из листового металла, который может быть углеродистой, нержавеющей сталью или алюминием. Литой алюминий, с другой стороны, используется для деталей малого и среднего размера с определенной степенью сложности.

Формы из листового металла могут быть изготовлены с помощью обычных методов формовки и сварки. Сварка в инертном газе рекомендуется во избежание проблем с пористостью, которые отразятся на процессе изготовления пластиковой детали. Хотя листовой металл является предпочтительным выбором, когда формы просты, например, резервуары, сложные формы могут быть изготовлены с использованием современных методов формовки металла, таких как прокатка под давлением или гидроформовка, что влияет на стоимость формы. Низкоуглеродистая сталь обычно подходит для большинства малосерийных применений. Нержавеющая сталь используется в тех случаях, когда может возникнуть коррозия из-за типа охлаждения формы, например, принудительного охлаждения путем распыления воды. На рис. 11 показана металлическая форма для вертикального резервуара.

Рисунок 11 - Форма из листового металла для вертикального резервуара
Источник: Crawford & Kearns, 2003

Алюминиевые формы могут быть изготовлены из листового металла с помощью обычных методов, аналогичных тем, которые используются для листовой стали. Алюминий обладает отличной теплопроводностью, и часто считается, что он обеспечивает лучшую теплопередачу, чем сталь, но алюминий обладает меньшей механической прочностью, чем сталь, и требует более толстых стенок, что снижает его тепловую эффективность. В результате алюминиевые формы имеют более медленные стадии нагрева и охлаждения по сравнению со стальными формами.

Алюминий легко поддается механической обработке и текстурированию с помощью дробеструйной обработки и химического травления. Хотя алюминиевые формы могут быть изготовлены обычными методами, наиболее распространенным способом их производства является процесс литья, но при этом необходимо соблюдать особую осторожность, чтобы избежать пористости в отливке. Сегодня существуют специализированные производители форм, которые используют тщательные методы, чтобы избежать этой проблемы. После литья внутренняя часть формы, то есть поверхность, которая будет соприкасаться с пластиковой деталью, должна быть обработана в соответствии с требованиями формы, отшлифована, отполирована и даже текстурирована. На рис. 12 показана форма для отливки алюминиевой лодки.

Рисунок 12 - Алюминиевая форма лодки
Источник: Crawford & Kearns, 2003

2.7 ОТОПЛЕНИЕ

Стадия нагрева происходит после загрузки микронизированного полиэтилена и закрытия формы, которая затем отправляется в печь, где начинает вращаться в двухосном направлении. Синергетический эффект между теплом, получаемым из печи, и двухосным движением приводит к равномерному нагреву материала внутри формы (CRAWFORD; THRONE, 2002). Температура внутри формы начнет повышаться, и когда она приблизится к температуре размягчения полимера, он начнет прилипать к поверхности формы, как показано на рис. 13 (2), тем самым запуская процесс "спекания".

При постепенном повышении температуры материал начнет плавиться, а образовавшаяся структура разрушаться, Рисунок 13 (3). В результате воздух, который находился вместе с частицами порошка, задерживается, образуя пузырьки, что плохо, так как если они останутся в детали, то приведут к потере механических свойств, особенно в части ударной прочности. Поэтому, чтобы устранить эти пузырьки, необходимо продолжать нагрев. Нагрев приводит к снижению вязкости полимера, что облегчает процесс удаления воздуха, до тех пор, пока большая часть пузырьков не будет удалена, рис. 13 (4). Оптимальный момент в процессе ротационного формования можно определить как момент, когда деталь имеет несколько пузырьков вблизи внутренней поверхности.

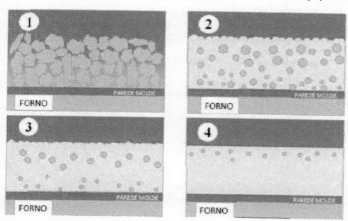

Рисунок 13 - Поведение материала во время нагрева
Источник: Адаптировано из CRAWFORD & TRONE, 2002
Высокая температура и длительный цикл процесса создают условия для

17

термической деструкции пластика. Полимеры, разработанные для ротационного формования, содержат большее, чем обычно, количество антиоксидантов, чтобы избежать и предотвратить окисление материала. Такие свойства, как ударопрочность, могут быть скомпрометированы, если антиоксиданты расходуются в процессе с плохо определенными параметрами.

Контроль этой температуры очень важен, так как при длительном нагреве в полученном изделии не будет пузырьков, но на его внутренней поверхности будет наблюдаться термоокислительная деструкция с заметной потерей механической прочности (CRAWFORD; THRONE, 2002).

Оптимизация процесса и оптимальное отверждение детали связаны с контролем пиковой температуры внутреннего воздуха (PIAT), которая определяется с помощью измерительных приборов *Rotolog* и *Datalog*, устанавливаемых на пресс-форму и определяющих параметры процесса.

2.6.1 Контроль температуры

Контроль температуры в процессе ротоформования развивался на протяжении многих лет. Изначально параметры процесса и степень отверждения детали определялись на практике методом проб и ошибок, исходя из таких характеристик, как ударопрочность, количество воздушных пузырьков, внешний вид и цвет внутренней и внешней поверхности деталей. В начале 1990-х годов было выпущено оборудование под названием *Rotolog*.

Рисунок 14. Эта технология произвела революцию в контроле процесса ротоформования, предоставив ротоформовщикам более точный метод определения качества деталей.

18

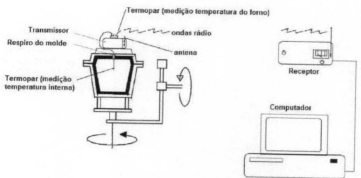

Рисунок 14 - Система *Rotolog*
Источник: Адаптировано из GODINHO, 1997

Rotolog представляет собой электронную систему, прикрепленную к манипулятору машины, которая сопровождает форму на всех этапах процесса, измеряя температуру воздуха внутри формы и печи в режиме реального времени. Таким образом, параметры процесса теперь контролировались не методом проб и ошибок, а оператором в режиме реального времени с помощью графика, предоставляемого *Rotolog*, что привело к сокращению времени цикла, уменьшению отходов материала, повышению качества деталей и, как следствие, улучшению их свойств. На рисунке 15 показан узел *Rotolog*. Кроме того, аналогичное оборудование под названием *Datalog* существует и в других странах. На рисунке 16 показано оборудование, закрепленное на плите станка рядом с пресс-формой в процессе производства.

Рисунок 15 - Набор *Rotolog*
Источник: FERRY INDUSTRIES, 2017

Рисунок 16 - Система *регистрации данных,* установленная рядом с пресс-
формой
Источник: ROTOMAXI, 2017

На рисунке 17 показан типичный график, полученный с помощью *Rotolog*,
системы мониторинга температуры, используемой в ротоформовании.

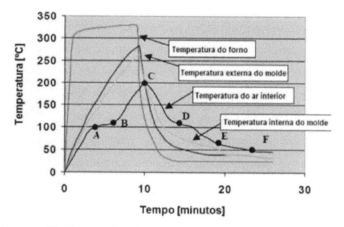

Рисунок 17 - Типичный график контроля температуры при ротоформовании
Источник: Адаптировано из CRAWFORD & TRONE, 2002

Следуя графику, вы можете лучше проанализировать поведение
материала внутри формы: от начала до точки А материал находится в твердом
состоянии, еще в точке А воздух достаточно горячий, чтобы начать плавить
материал, и он начинает прилипать к стенкам формы, а через несколько минут
цикл достигает точки В, в этой точке почти весь материал расплавился и прилип
к стенкам формы. После точки В воздух внутри формы нагревается с большей

20

скоростью до точки C, где в этот промежуток времени материал, уже находящийся в расплавленном состоянии, агрегируется и образует однородный расплав, и происходит диффузия пузырьков воздуха. Не достигнув точки C, форма покидает печь и продолжает охлаждаться, после чего достигает точки C в силу тепловой инерции. Таким образом, точка C соответствует пиковой температуре внутреннего воздуха (PIAT), которую необходимо контролировать во избежание разрушения материала.

Во время охлаждения материал начинает остывать, но вблизи точки D можно заметить изменение наклона кривой, что связано с началом кристаллизации полимера, и форма остывает медленнее. После точки D можно увидеть еще одно изменение наклона кривой, которое связано с окончанием процесса затвердевания. Точку E можно наблюдать только при контроле внутренней температуры формы. В этот момент сжатие детали приводит к ее отслаиванию от стенки формы, и в этот момент происходит изменение наклона кривой внутренней температуры формы. Наконец, в точке F достигается температура распалубки.

Приведенный выше график является репрезентативным и показывает мониторинг температуры переработки полиэтилена в целом, при этом пик PIAT, представленный точкой C, варьируется в зависимости от марки. Согласно Nugent (2001), полиэтилен низкой плотности не разрушается при пиковой температуре до 240°C, и можно производить приемлемые детали при максимальной внутренней температуре до 182°C. Полиэтилен высокой плотности, с другой стороны, имеет гораздо более узкое технологическое окно. В данной работе особое внимание уделяется применению полиэтилена низкой плотности, который используется в подавляющем большинстве ротоформованных деталей.

2.8 ОХЛАЖДЕНИЕ

Форма продолжает двигаться, вынимается из печи и направляется на станцию охлаждения. Охлаждение происходит за счет теплообмена с окружающей средой посредством принудительных потоков воздуха и/или распыления воды на формы, чтобы ускорить этот этап. Большинство машин оснащены и тем, и другим. Охлаждение путем распыления воды является более эффективной формой охлаждения, но если его проводить слишком быстро, это может привести к деформации детали. На рис. 18 показана станция охлаждения карусельной машины.

Длительные циклы охлаждения помогают контролировать деформацию, но способствуют росту кристаллов и, как следствие, снижению ударопрочности. Более быстрое охлаждение снижает уровень кристалличности и повышает ударопрочность, но может вызвать проблемы с деформацией детали (NUGENT 2001). Поэтому для деталей, которым необходима хорошая ударопрочность, быстрое охлаждение является идеальным вариантом при условии, что проблемы с размерами могут быть преодолены.

Figura 18 - Станция охлаждения карусельных машин

Источник: ROTOLINE BRASIL, 2017

Время охлаждения зависит от толщины детали, типа материала, плотности, толщины и материала пресс-формы, охлаждающей среды и температуры окружающей среды. Контроль точки распалубки может повлиять на размер детали, поэтому *Rotolog* поможет определить этот параметр. Температура, при которой деталь может быть подвергнута формовке,

22

определяется в первую очередь безопасным обращением. Температура пластиковых деталей, с которыми обращаются напрямую, а это подавляющее большинство, варьируется в диапазоне от 50 до 80 °C. После распалубки детали помещаются в охлаждающую оснастку, обычно металлическую, чтобы гарантировать их размеры и предотвратить деформацию.

ГЛАВА 3

МЕТОДОЛОГИЯ

Методология, применяемая для достижения поставленных целей, начинается с теоретической справки по предложенной теме, затем следует оценка текущего производственного процесса, где можно предложить некоторые действия, а затем измерение и сравнение потребления. Методология показана на рисунке 19.

Рисунок 19 - Применяемая методология

Источник: Автор

В целях оптимизации энергопотребления в процессе ротационного формования было проведено ежедневное наблюдение за конкретным производителем изделий ротационного формования, чтобы улучшить понимание и практическое знание всего процесса, начиная с планирования производства и заканчивая отделкой произведенных деталей. При изучении процесса было обнаружено, что не соблюдаются параметры основного этапа процесса - нагрева, который напрямую связан с энергоэффективностью, поскольку он потребляет энергию, такую как сжиженный газ и электричество, в дополнение к тому, что обрабатываемый материал производится из нефти, которая является невозобновляемым источником энергии. Этот факт может быть

Это стало очевидным в конце некоторых производственных циклов, когда процесс периодически приводил к получению плохо обработанных деталей, т.е. полиэтилен не был полностью расплавлен, или детали разрушались под воздействием избыточной тепловой энергии. Эти проблемы могут быть выявлены в процессе отделки ротоформованных деталей, где также проводится проверка качества процесса.

В связи с этим был проверен показатель несоответствующих деталей, который показал, что за последний год доля некондиционных деталей составила 1,2 процента, причем 67 процентов из них имели проблемы, связанные с этапом нагрева, то есть плохо сформированные или деградировавшие детали.

Процесс распределения и сборки форм на машинах - этап, предшествующий процессу ротоформования, - осуществляется посредством планирования и контроля производства (PCP) при непосредственном контроле со стороны супервайзера или руководителей производственных участков, которые обладают более глубокими практическими знаниями. На этом этапе стало ясно, что некоторые участники процесса понимают, что эффективность процесса связана только с полным использованием платформы машины. В результате собираются формы с разными параметрами, что приводит к их плохой группировке и не позволяет оценить эффективность процесса в целом. Помимо этого недоразумения, выяснилось, что такая процедура происходит из-за желания уложиться в срок или получения неожиданного производственного заказа. Оба эти решения по сборке пресс-форм в той или иной мере привели к отходам.

С учетом этого подхода была проведена дополнительная работа по изучению литературы с целью предложить меры по оптимизации энергопотребления и сокращению отходов, образующихся в ходе текущего производственного процесса, чтобы гарантировать эффективность процесса в сочетании с производством деталей хорошего качества.

В теоретической справке говорится о важности контроля внутренней температуры формы во время процесса с использованием специальных приборов для этого контроля, таких как *Rotolog*. С помощью этого прибора определяются такие параметры процесса, как время работы печи и время охлаждения, которые зависят от ряда переменных, таких как размер, толщина и материал формы, а также толщина и материал детали, которую необходимо изготовить.

Несоблюдение или неправильное определение параметров процесса имеет ряд негативных последствий. Циклы с коротким временем работы печи означают, что полиэтилен расплавляется не полностью. Длительные циклы приводят к деградации материала детали, которую можно разделить на две фазы. Первая фаза связана с потерей характеристик материала, которые сложнее выявить в компании, что приводит к негативным последствиям для имиджа компании, так как возникают преждевременные поломки и необходимость замены деталей в полевых условиях. Второй этап - это экстраполированное время цикла, которое, помимо потери детали, приведет к необходимости обслуживания пресс-формы, поскольку на этом этапе деталь прилипает к ней, что создает дополнительные затраты, которые необходимо учитывать наряду с отходами, связанными с производством и утилизацией детали. Все несоответствующие детали измельчаются внутри предприятия, а материал продается компании по переработке, что влечет за собой целую статью расходов на отходы производства и измельчение отработанного материала.

В настоящее время компания производит детали для различных сегментов, в основном для сельскохозяйственного сектора, на который приходится около 90% производства. Портфель включает около 1000 изделий, которые различаются по геометрии, размеру, цвету и весу - от 0,2 до 500 кг. У компании есть несколько моделей ротационных формовочных машин, две из которых - карусельные модели, которые будут в центре внимания в данной работе, поскольку это высокопроизводительные машины, на которые подается большее количество форм. На эту машину можно подавать несколько форм, так как она имеет четыре рычага. Формы для деталей, производимых на этой машине, изготавливаются из алюминия, но у компании также есть формы из листового металла, которые используются для более крупных деталей, производимых на других ротационных формовочных машинах. Стадия предварительного охлаждения и охлаждения осуществляется с помощью принудительного воздушного потока. На рисунке 20 показана модель машины, которая была исследована.

В качестве сырья компания использует полиэтилен низкой плотности (ПЭНП), при этом около 85% продукции производится из экструдированного полиэтилена, а остальная часть подвергается микронизации и сухому пигментированию на аутсорсинговом предприятии. Использование экструдированного полиэтилена растет благодаря его качеству, о чем говорилось в теоретической части. В связи с этим в данной работе рассматривается только применение экструдированного полиэтилена.

Определение параметров процесса, которое раньше осуществлялось на основе практического опыта операторов и руководителей производства, методом проб и ошибок, с 2015 года контролируется измерительным прибором *Rotolog*, но он применяется только к новым разработкам в конкретных случаях, считающихся критическими процессами. Несмотря на приобретение прибора, существовало определенное сопротивление его использованию, которое в итоге во многом зависело от опыта начальника производства.

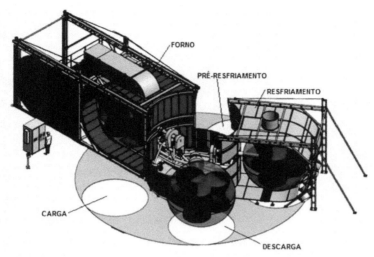

Рисунок 20 - Иллюстрация трехручьевой карусельной ротоформовочной машины
Источник: (Адаптировано из ROTOLINE BRASIL, 2017)

Исходя из этого, были предложены два варианта действий. Первое - использовать прибор для всех новых разработок, независимо от того, насколько прост продукт, чтобы параметры можно было установить только с помощью приобретенного прибора. Кроме того, прибор будет контролировать все формы, идущие в производство, проверяя и контролируя температуру, чтобы подтвердить или скорректировать ее параметры. Это будет делаться до тех пор, пока весь ассортимент не будет соответствовать требованиям. Второе действие - классификация пресс-форм на семейства со схожими параметрами, которые будут внесены в основной список пресс-форм, а затем зарегистрированы в *программном обеспечении для* управления производством. Это дает PCP свободу программирования сборки пресс-форм без необходимости и зависимости от руководителей производства или супервайзеров. Это второе действие обусловлено большим количеством пресс-форм и разновидностей деталей, что обеспечивает совместное производство деталей с одинаковыми параметрами.

Таким образом, для всех форм будут заданы параметры в зависимости от их внутренней температуры, что определит параметры процесса. Эти параметры будут перенесены в мастер-лист пресс-форм, в котором будут указаны временные параметры, семейство, к которому они относятся, и размеры пресс-форм, что поможет в принятии решений при планировании производства. В таблице 1 частично представлен мастер-лист пресс-форм.

В ходе исследования процесса были найдены исторические данные о потреблении и проведены некоторые расчеты для получения данных о потреблении энергоносителей, задействованных в процессе. Согласно историческим показателям компании, расход сжиженного газа на машине, о которой идет речь в данной работе, составляет 0,3 кг на каждый 1 кг переработанного полиэтилена.

Для измерения энергозатрат процесса мы сначала определили электродвигатели исследуемой ротоформовочной машины, мельницы и системы освещения (состоящей из семи распределенных ламп), которые перечислены в таблице 2. Обе мощности были измерены с помощью измерительного прибора.

Поскольку существует большое количество различных деталей, в качестве примера для расчета и анализа генерируемого потребления был взят один продукт. Изделие, выбранное для исследования, имеет следующие характеристики и технологические параметры:

- Название детали: Воронка;

- Вес: 6,5 кг;

- Толщина: 5 мм;

- Размеры: 700 х 420 х 350 мм;

- Количество штук на подставке: 8 штук;

- Время выпечки: 17 мин;

- Время предварительного охлаждения: 8 мин;

- Время охлаждения: 14 минут.

Таблица 1 - Мастер-лист пресс-форм

Клиент	Код	Описание	Машина	Семья	Температура (°C)	Время работы печи (мин)	Предварительное охлаждение	Охлаждение (мин на форму)	Деталь на форму	Размеры пресс-формы	Вес брутто (кг)	Толщина детали (мм)	Цвет	Материал пресс-формы

								ие (мин)						
10	10.4.3	БОЛЬШАЯ ВОРОНКА	РОТОЛИН 2.60	D	260	17	8	14	1	420X300X280	3	5	RED COD R-325	AL
10	10.6.3	ТРУБА I	РОТОЛИН 2.60	D	260	17	8	14	1	380X320X280	3	5	RED COD R-325	AL
10	10.18.3	МНОГОЦЕЛЕВАЯ ТРУБА	РОТОЛИН 2.60	D	260	17	8	14	1	700X420X350	6,5	5	RED COD R-325	AL
18	18.16.2	КРЫШКА КОРОБКИ	РОТОЛИН 2.60	B	260	16	7	14	1	550X480X300	2,5	5	ЧЕРНЫЙ КОД 1700	AL
18	18.17.2	ЗАДНЯЯ КОРОБКА	РОТОЛИН 2.60	B	260	16	7	14	1	600X550X170	5,2	5	ЧЕРНЫЙ КОД 1700	AL
18	18.19.2	БОКОВАЯ КОРОБКА	РОТОЛИН 2.60	B	260	16	7	14	1	590X550X155	4,7	5	ЧЕРНЫЙ КОД 1700	AL
18	18.24.2	ЯЩИК ДЛЯ ИНСТРУМЕНТОВ	РОТОЛИН 2.60	D	260	17	8	14	1	940X600X220	6,3	6	ЧЕРНЫЙ КОД 1700	AL
18	18.25.2	КРЫШКА ЯЩИКА ДЛЯ ИНСТРУМЕНТОВ	РОТОЛИН 2.60	D	260	17	8	14	1	380X350X100	1	6	ЧЕРНЫЙ КОД 1700	AL
18	18.38.22	ПОКРЫТИЕ	РОТОЛИН 2.60	A	260	15	7	14	1	190X190X100	0,4	4	СВЕТЛО-СЕРЫЙ КОД 983	AL
15	15.4.41	РЕЗЕРВ 1313	РОТОЛИН 2.60	A	260	15	7	14	1	480X480X300	2,5	6	ЗЕЛЕНЫЙ ЛАЙМ КОД 803	AL
15	15.5.42	КРЫШКА РЕЗЕРВУАРА 1313	РОТОЛИН 2.60	A	260	15	7	14	1	350X300X120	0,7	5	ЗЕЛЕНЫЙ МОХ ТРЕСКА 805	AL
15	15.15.41	42L RESERVOIR	РОТОЛИН 2.60	B	260	16	7	14	1	560X350X275	3,9	5	ЗЕЛЕНЫЙ ЛАЙМ КОД 803	AL
15	15.16.42	КРЫШКА РЕЗЕРВУАРА 42 Л	РОТОЛИН 2.60	A	260	15	7	14	1	380X260X60	0,4	3	ЗЕЛЕНЫЙ МОХ ТРЕСКА 805	AL
15	15.27.41	SEED BOX 1515	РОТОЛИН 2.60	B	260	16	7	14	1	590X450X300	5,0	5	ЗЕЛЕНЫЙ ЛАЙМ КОД 803	AL
21	21.15.2	ПРОТЕКТОР КАРДАННОГО ШАРНИРА 270	РОТОЛИН 2.60	C	260	16	8	14	1	0220X740	2,2	5,2	ЧЕРНЫЙ КОД 1700	AL
21	21.16.2	ПРОТЕКТОР КАРДАННОГО ШАРНИРА 766	РОТОЛИН 2.60	C	260	16	8	14	1	0210X690	2,2	5,2	ЧЕРНЫЙ КОД 1700	AL
21	21.19.2	ТЕПЛОВАЯ ЗАЩИТА 9575533	РОТОЛИН 2.60	D	260	17	8	14	2	560X430X225	4,9	3	ЧЕРНЫЙ КОД 1700	AL
21	21.23.2	КРЫШКА ГНЕЗДА 734	РОТОЛИН 2.60	B	260	16	7	14	4	0130X150	0,72	2,5	ЧЕРНЫЙ КОД 1700	AL
21	21.24.2	SUPPORT 7340	РОТОЛИН 2.60	D	260	17	8	14	4	150X150X60	0,66	2,5	ЧЕРНЫЙ КОД 1700	AL
21	21.25.2	ОБЛОЖКА 762	РОТОЛИН 2.60	D	260	17	8	14	1	520X240X240	2,6	4	ЧЕРНЫЙ КОД 1700	AL
12	12.22.15	ВНУТРЕННЕЕ АРМИРОВАНИЕ 704	РОТОЛИН 2.60	C	260	16	8	14	1	330X300X140	0,8	5	СЕРОЕ ШАССИ КОД 339	AL
18	18.39.22	ПОКРЫТИЕ 629	РОТОЛИН 2.60	A	260	15	7	14	1	670X160X130	1,3	4	СВЕТЛО-СЕРЫЙ КОД 983	AL
18	18.40.22	КОНСОЛЬ 630	РОТОЛИН 2.60	A	260	15	7	14	1	600X400X400	3,5	4	СВЕТЛО-СЕРЫЙ КОД 983	AL
12	12.23.15	ЗАЩИТА РАДИАТОРА 704	РОТОЛИН 2.60	A	260	15	7	14	1	600X440X400	3,70	4	СЕРОЕ ШАССИ КОД 339	AL
12	12.23.2	KOBEP 704	РОТОЛИН 2.60	C	260	16	8	14	1	2900X250X90	1,3	3	ЧЕРНЫЙ КОД 1700	AL
19	19.5.2	ЦЕНТРАЛЬНАЯ НАСАДКА 511	РОТОЛИН 2.60	B	260	16	7	14	1	480X420X300	5,44	6	ЧЕРНЫЙ КОД 1700	AL
19	19.6.2	ДЕРЖАТЕЛЬ ФОРСУНКИ 884	РОТОЛИН 2.60	B	260	16	7	14	1	560X300X300	3,8	5,2	ЧЕРНЫЙ КОД 1700	AL
13	13.28.6	УСИЛЕНИЕ РЕЗЕРВУАРА 3100 Л	РОТОЛИН 2.60	C	260	16	8	14	1	500X370X250	3,5	8	ОРАНЖЕВЫЙ КОД202	AL
12	12.24.15	АРМАТУРА ДЛЯ КОРОБОК 076	РОТОЛИН 2.60	C	260	16	8	14	1	280X260X130	0,7	8	СЕРОЕ ШАССИ КОД 339	AL
19	19.8.2	ПРАВАЯ БОКОВАЯ ФОРСУНКА 008	РОТОЛИН 2.60	D	260	17	8	14	1	600X550X260	6,8	4	ЧЕРНЫЙ КОД 1700	AL
19	19.9.2	БОКОВАЯ ФОРСУНКА ЛЕВАЯ	РОТОЛИН 2.60	D	260	17	8	14	1	600X550X260	6,8	4	ЧЕРНЫЙ КОД 1700	AL

Таблица 2 - Список потребителей

двигатель	локализация	мощность	
		hp	кВт
A	горелка	1	0,75
B	турбина	20	14,91
C	дымоуловитель	4	2,98
D	дверь 1	0,5	0,37
E	дверь 2	0,5	0,37
F	вентилятор 1	2	1,49
G	вентилятор 2	2	1,49
H	охлаждающий кожух	7,5	5,59
I	вентилятор 3	2	1,49
J	вентилятор 4	2	1,49
K	вентилятор 5	2	1,49
L	ось/арматура	2	1,49
M	тарелка	3	2,24
N	колесо	2	1,49
SI	система освещения	-	0,40
MT	двигатель дробилки	30	22,37

Источник: Автор

ГЛАВА 4

РЕЗУЛЬТАТЫ И ОБСУЖДЕНИЕ

Оценив текущий производственный процесс и основываясь на собранной информации, были рассчитаны значения потребления (кВт/ч) для производственного процесса, которые представлены в таблице 3.

Таблица 3 - Потребление электроэнергии в процессе

Процесс приготовления в печи								
	D	E	L	M	N	A	B	C
мощность (кВт)	0,37	0,37	1,49	2,24	1,49	0,75	14,91	2,98
время (ч)	0,01	0,01	0,29	0,29	0,01	0,28	0,28	0,28
Итого (кВтч)	6,39							

Процесс предварительного охлаждения					
	L	M	N	F	G
мощность (кВт)	1,49	2,24	1,49	1,49	1,49
время (ч)	0,14	0,14	0,01	0,13	0,13
Итого (кВтч)	0,94				

Процесс охлаждения						
	L	M	N	H	I	J	K
мощность (кВт)	1,49	2,24	1,49	5,59	1,49	1,49	1,49
время (ч)	0,24	0,24	0,01	0,23	0,23	0,23	0,23
Итого (кВтч)	3,26						

Путешествие	для погрузки/разгрузки			уже		
	L	M	N	N		
мощность (кВт)	1,49	2,24	1,49	1,49		
время (ч)	0,01	0,01	0,01	0,01		
Итого (кВтч)	0,06					

Система освещения	
Лампы	SI
мощность (кВт)	2,80
время (ч)	0,70
Итого (кВтч)	1,95

Источник: Автор

После определения потребления на производственный цикл были проведены расчеты для получения затрат на электроэнергию, которые представлены в таблице 4. Тариф на электроэнергию составлял 0,49 реала/кВтч.

Таблица 4 - Затраты на электроэнергию, участвующую в процессе

Общее потребление за цикл (кВт-ч):		Общая стоимость одного цикла (R$):	
Процесс	Освещение	Процесс	Освещение
10,64	1,95	5,22	0,96
	Итого (R$):	6,17	

Источник: Автор

Полученная выше стоимость относится к производственному циклу. Эта стоимость была разделена на количество форм, которые могут быть закреплены на платформе каждого рычага ротационной формовочной машины, что дало стоимость одного изделия. В данном исследовании затраты были разделены на 8 - количество форм, которые может вместить рукав, в результате чего стоимость одного изделия составила 0,77 реала.

Что касается потребления сжиженного газа, то мы исходили из средних исторических показателей потребления для этой машины, поскольку она не имеет системы измерения. Среднее потребление составляет 0,3 кг сжиженного газа на каждый 1 кг переработанного полиэтилена. При этом учитывалась цена в 3,13 реала за килограмм сжиженного газа. В таблице 5 показана стоимость сжиженного газа для части, рассматриваемой в данном исследовании.

Таблица 5 - Потребление и стоимость сжиженного газа

Вес детали (кг)	Потребленный газ (кг)	R$/кг
6,5	1,95	3,13
	Итого (R$):	6,10

Источник: Автор

Таким образом, общая стоимость энергии для производства этого продукта составляет 6,88 реалов, что подчеркивает, что это прямые затраты потребителей электроэнергии и сжиженного газа, участвующих в процессе производства исследуемой машины.

В один год процент несоответствующих деталей в компании составил 1,2 процента. В следующем году было произведено 192 000 деталей, из которых 2 304 не могли быть использованы, поскольку по каким-то причинам не соответствовали требованиям. Из этих 2 304 деталей 67 % имели проблемы, связанные с временем работы печи, т. е. 1 544 детали были определены как вышедшие из срока, с дефектами, поскольку полиэтилен не полностью расплавился. Также были выявлены детали, которые сломались во время извлечения из формы, и другие детали, выявленные во время финишной обработки - этапа, на котором также проводится проверка качества произведенных деталей. Последние проблемы связаны с чрезмерным временем работы печи.

На основе этих данных и информации о стоимости процесса будут представлены данные о потреблении энергии и стоимости деталей, при производстве которых возникли проблемы, связанные с печным процессом. Для расчета и представления стоимости и энергопотребления был рассмотрен продукт, пример которого приведен в предыдущей главе.

Как уже упоминалось в методологии данной работы, несоответствующие детали, считающиеся "мертвыми деталями", должны быть измельчены и затем проданы компании по переработке отходов. Для этапа измельчения используется шредерная мельница с двигателем мощностью 30 л.с. и производительностью 250 кг/ч.

Учитывая количество несоответствующих деталей за один год и исследуемый продукт, отходы составят 10 036 кг полиэтилена. Кроме того, на измельчение этого материала будет затрачено электричество. Расход и стоимость измельчения несоответствующих деталей приведены в таблице 6.

Таблица 6 - Расход и затраты на дробление

Дробилка		Стоимость дробления	
мощность (кВт)	22,37	тариф (R$/кВтч)	0,49
время (ч)	40,14	потребление (кВтч)	897,88
Итого (кВт-ч)	897,88	Итого (R$)	439,96

Источник: Автор

В таблице 7 показано общее потребление энергии и затраты на производство 1 544 деталей, с которыми возникли проблемы, с учетом того, что для выполнения заказа необходимо было изготовить новые детали.

Таблица 7 - Общие затраты и потребление

	стоимость (R$)	Потребление (кВтч)
Технологические затраты на мертвые части (+)	10.612,81	42.663,13
Отработанный полиэтилен (+)	71.742,53	-
Стоимость электроэнергии для дробления (+)	439,96	897,88
Стоимость нового процесса (+)	10.612,81	42.663,13
Недавно переработанный полиэтилен (+)	71.742,53	-
Продажа измельченного полиэтилена (-)	30.101,76	-
Употребляется:	135.048,88	86.224,14

Источник: Автор

Для получения общей суммы затрат учитывалась стоимость переработки несоответствующих деталей (электроэнергия и сжиженный газ), стоимость отработанного полиэтилена, стоимость измельчения отработанного полиэтилена, стоимость повторной переработки деталей для выполнения заказа и стоимость полиэтилена для этого нового процесса. Измельченный полиэтилен был продан компании по переработке отходов, и эта сумма была вычтена из общих затрат. Общая сумма израсходованных средств составила 135 048,88 реалов. Цена покупки экструдированного полиэтилена составила 7,15 реалов за кг, а цена продажи - 3,00 реалов за кг компании по переработке.

Общее потребление энергии складывалось из стоимости процесса изготовления деталей, не соответствующих требованиям (электроэнергия + сжиженный газ), потребления энергии для процесса измельчения и потребления энергии для нового процесса, что составило 86 224,14 кВт-ч.

В таблице 8 показаны затраты и потребление программы производства общего количества несоответствующих деталей, созданных в течение года. Наконец, в таблице 9 показано сравнение между потреблением и программой. Анализируя таблицу 9, мы приходим к значениям, рассматриваемым в данном анализе как потери, т. е. 52 693,54 реала и 43 561,01 кВт/ч.

Таблица 8 - Стоимость и запрограммированное потребление

	стоимость (R$)	Потребление (кВтч)
Стоимость процесса (+)	10.612,81	42.663,13
Переработанный полиэтилен (+)	71.742,53	-
Запрограммировано:	**82.355,34**	**42.663,13**

Источник: Автор

Таблица 9 - Затраты и потребление, запрограммированные по сравнению с потребленными

	ПРОГРАММИРОВ АННЫЙ		ПОТРЕБЛЕНИЕ	Убыток (R$)
Стоимост ь (R$)	82.355,34	X	135.048,88	-52.693,54
Потребление (кВтч)	42.663,13		86.224,14	-43.561,01

Источник: Автор

Учитывая проведенное исследование, в котором в качестве примера использовался продукт и его процесс, а также действия, предложенные в данной работе, можно рассматривать результаты не как потери, а как экономию для компании. В дополнение к эффективности, полученной за счет оптимизации потребления электроэнергии и сжиженного газа, можно привести следующие положительные результаты, связанные с предложением данной работы:

- Гарантированное производство соответствующих деталей в соответствии с заданными или скорректированными параметрами, что позволяет избежать потерь энергии и сырья;

- Повышение осведомленности о потреблении топлива (LPG) и сырья, получаемого из нефти, которая является невозобновляемым источником энергии;

- PCP получит свободу и большую уверенность в программировании и распределении пресс-форм на ротоформовочные машины, классифицируя их по семействам в соответствии с заданными параметрами;

- Также можно отметить, что инвестиционные затраты на реализацию этого предложения будут незначительными, потребуется лишь изменить рабочие процедуры в соответствующих секторах.

ГЛАВА 5

ЗАКЛЮЧЕНИЕ

Промышленные предприятия потребляют все больше энергии, как электрической, так и тепловой, при этом во многих случаях используется топливо из невозобновляемых источников энергии. Это делает необходимым профессиональный анализ производственных процессов, чтобы предложить корректировки и улучшения для оптимизации потребления.

В связи с этим было проведено практическое исследование с привлечением теоретической базы для выработки предложений по повышению энергоэффективности производственного процесса ротационного формования, оптимизации потребления электроэнергии и сжиженного газа при сохранении и гарантировании качества продукции.

Благодаря ежедневному мониторингу исследуемого производственного процесса и теоретическим основам удалось предложить меры, связанные с этапом нагрева, поскольку было ясно, что в результате этого процесса получаются несоответствующие детали с проблемами недостаточного или избыточного времени нагрева формы. Принять меры помог измерительный прибор, который по какой-то причине не использовался должным образом. Это позволило определить и отрегулировать параметры процесса, особенно параметр времени работы печи, который был определен как основная причина проблем с некондиционными деталями. В ходе последующего наблюдения также было выявлено плохое распределение пресс-форм в машинах ротационного формования. Теперь они программируются на основе генерального списка пресс-форм, что дает PCP больше свободы и уверенности в программировании и производстве деталей хорошего качества. Еще один положительный аспект исследования - осознание необходимости потребления энергии всеми участниками производственного процесса.

Исходя из представленных результатов, можно сделать вывод, что повышение эффективности производственного процесса не обязательно требует больших инвестиций. Зачастую корректировка нескольких внутренних процедур может принести ощутимую экономию за счет оптимизации потребления топлива, электроэнергии и даже сырья.

ГЛАВА 6

БИБЛИОГРАФИЧЕСКИЕ ССЫЛКИ

Билл, Гленн. **Ротационное формование: дизайн, материалы, оснастка и обработка**. Мюнхен: Carl Hanser Verlag, 1998.

Каневароло Ж.Р., С.В. **Наука о полимерах: базовый текст для инженеров-технологов**. Сан-Паулу, 2006.

CRAWFORD, R. J.; THRONE, J. L. **Технология ротационного формования**. Норвич, Нью-Йорк: Библиотека дизайна пластмасс, 2002.

CRAWFORD, R.J.; KEARNS, M.P. **Практическое руководство по ротационному формованию**. Великобритания: Rapra Technology, 2003.

COUTINHO, F. M. B.; MELLO, I. L; DE SANTA MARIA, L. C. **Polietileno: principais tipos, propriedade e aplicações,** 2003.

Годиньо, Дж. С., **Изменения свойств полиэтиленовых изделий, изготовленных различными методами формования**, Университет королевы Белфаста, Белфаст, 1997 г.

НУГЕНТ, П. **Ротационное формование: практическое руководство**. США: Пол Ньюджент, 2001.

BRASKEM. Available at: <http://www.braskem.com.br>. Accessed on: March 2017.

ROTOLINE BRASIL. Доступно по адресу: <http://www.roline.com.br>. Accessed on: March 2017.

ROTOMEC ENGINEERING INDUSTRIA E COMERCIO LTDA. Available at:

<http://www.rotomec.com.br>. Accessed on: March 2017.

ROTOMAXI. Available at: <http://www.rotomaxi.com.br>. Accessed on: March 2017.

ФЕРРИ ИНДАСТРИЗ, ИНК. Available at: <http://www.ferryindustries.com.br>. Accessed on: March 2017.

Уэки, М. М.; Пизану, Л. **Основы процесса ротоформования**. Журнал "Феррраменталь", 2007.

Milton Keynes UK
Ingram Content Group UK Ltd.
UKHW010850280324
440101UK00001B/140